Marlies Schünemann

Wortübungen und Diktate
2. Schuljahr

MANZ VERLAG

Manz Verlag

Lektorat: Peter Süß, München
Umschlaggestaltung: Zembsch' Werkstatt, München
Illustration: Sven Palmowski, Stuttgart
Gaby Ramsmeier, Fürstenfeldbruck
Druck: Jütte-Messedruck Leipzig GmbH, Leipzig
Printed in Germany

ISBN 3-7863-1022-X

Tipps zum Training mit diesem Buch

Liebe Schülerin, lieber Schüler,

dieses Buch hilft dir dabei, die wichtigen Wörter des 2. Schuljahres richtig schreiben zu können.
Und so machst du es richtig: Jeder Abschnitt beginnt mit einem großen Bild, in dem sich die **Lernwörter** verstecken. Schau sie dir gut an. Präge dir ein, wie du sie schreiben musst.

Danach – in den **Wortübungen** – kannst du dein Wissen testen. Lass dir dabei Zeit! Wenn du eine Übung fertig hast, lässt du deine Lösungen von deinen Eltern durchsehen. Mach die Übungen so oft, bis du keinen Fehler mehr hast.

Nach den Übungen bist du fit für die **Diktate**. Deine Eltern lesen dir Text 1 vor. Als Hilfe beim Vorlesen sind die Sprechpausen eingetragen. Schreibe das, was du hörst, mit deinem Lieblingsstift in ein Heft. Anschließend prüft ihr gemeinsam, ob du alles richtig geschrieben hast.

Text 2 ist dann morgen dran. Deine Eltern helfen dir wieder dabei. Die wichtigen Lernwörter, die du können solltest, sind in jedem Text farbig gedruckt. Du wirst sehen: Gemeinsam schafft ihr das! Und wenn du im Diktat ein paar Fehler hast: Kein Problem – lass dir den Text nächste Woche noch einmal vorlesen.

Wir wünschen dir viel Spaß und Erfolg!

Inhalt

A Das fremde Mädchen

1 Lernwörter

Schau dir die Wörter auf diesen beiden Seiten genau an.
Präge dir gut ein, wie man sie schreibt.

Wunde

ab **Deutsch**

Klasse

schlagen

spielen

dunkel

auch

bei

bringen

Freund

Haar

Rat

alle

weil

geben

einem

Wort

einen

dann

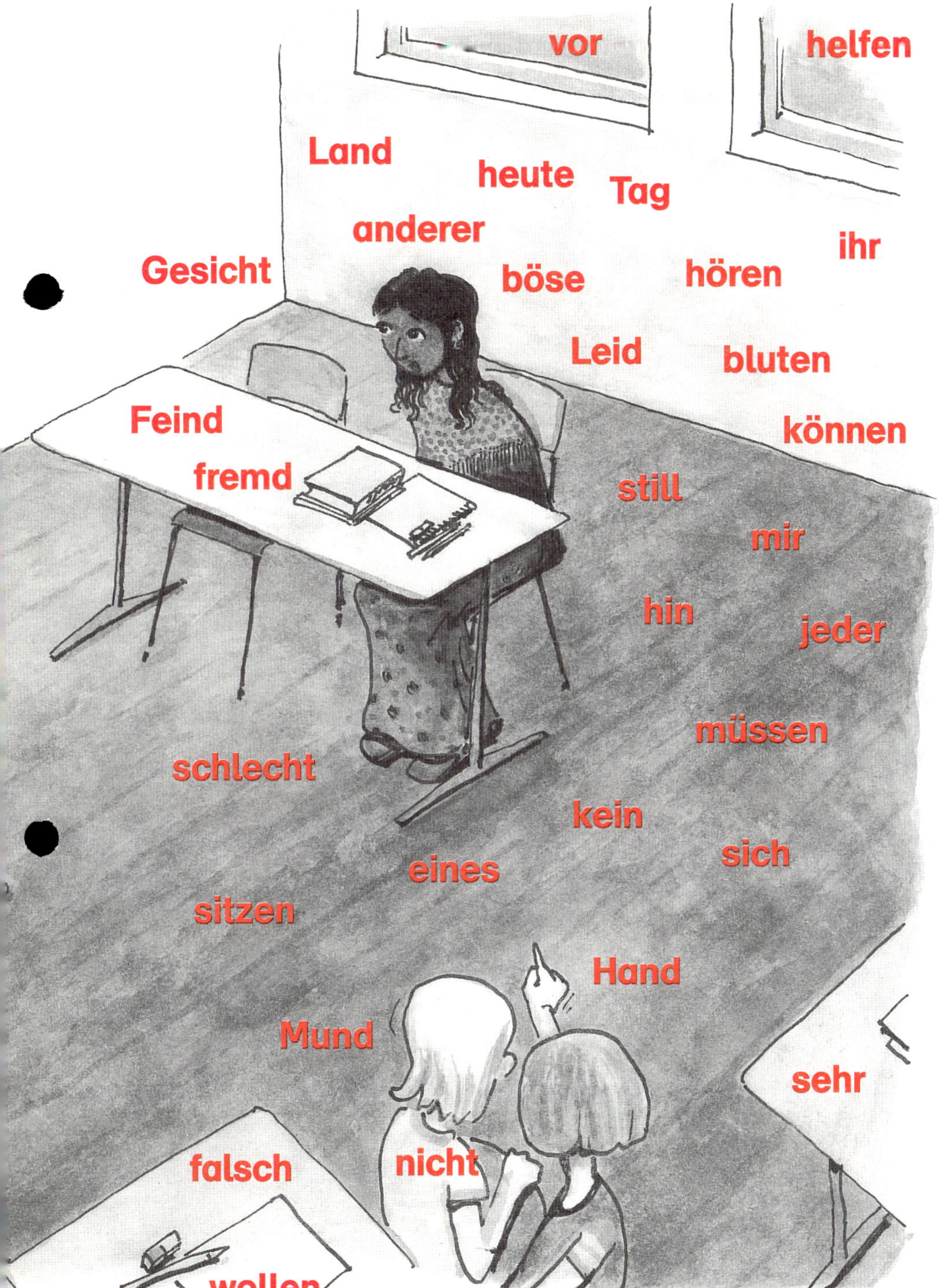
vor
helfen
Land
heute
Tag
anderer
ihr
Gesicht
böse
hören
Leid
bluten
Feind
können
fremd
still
mir
hin
jeder
müssen
schlecht
kein
sich
eines
sitzen
Hand
Mund
sehr
falsch
nicht
wollen

2 Wortübungen

1. Welche Lernwörter passen zu diesen Bildern? Schreibe sie auf die Zeilen.

a)

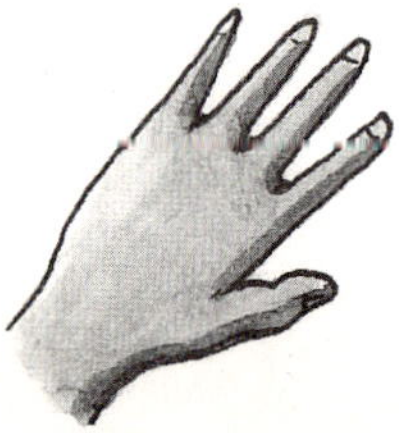

b)

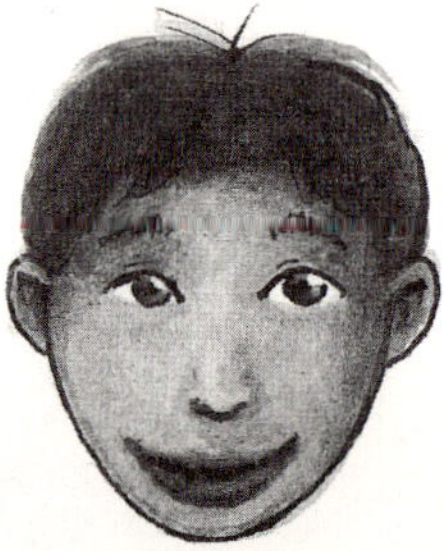

c)

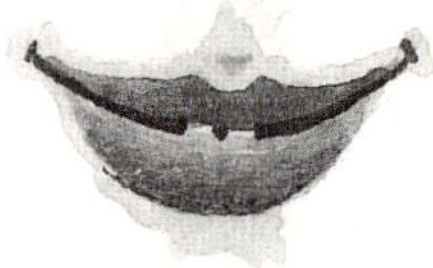

d)

e)

f)

2. Lies die Wörter laut vor und schreibe sie dann auf die Zeilen.

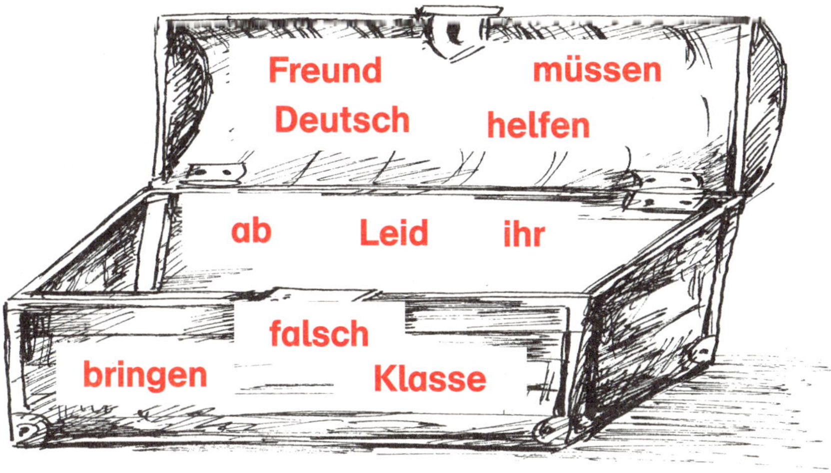

3. Es gibt 7 Lernwörter, die nur drei Buchstaben haben. Findest du sie? Schreibe sie in die passenden Kästchen.

a) b) c)

d) e) f)

g)

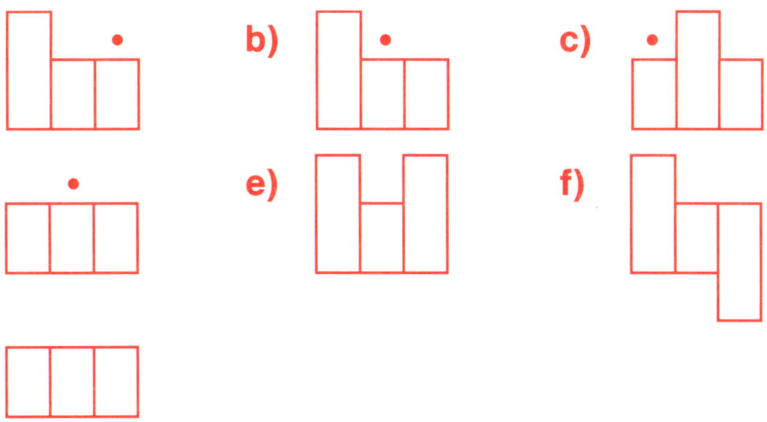

4. Erkennst du diese Lernwörter wieder? Schreibe sie auf die Zeilen.

a) w o ll e n

wollen

b) n i ch t

c) j e d e r

d) s eh r

e) st i ll

f) f r e m d

5. Welche Wörter sind hier gemeint? Schreibe sie auf die Zeilen.

a) a✶✶e

alle

b) ✶ö✶✶

c) L✶✶d

d) ✶a n✶

e) ✶✶✶l

f) ✶e i✶

6. Alle Wörter, vor die du *der*, *die* oder *das* setzen kannst, sind Namenwörter. Schreibe die Wörter richtig auf die Zeilen. Ergänze auch *der*, *die* oder *das*.

haar **wunde** **mund** **wort** **freund** **rat** ~~**land**~~

das Land, ____

____

____

____

7. Wie heißt die Mehrzahl? Schreibe auf die Zeilen.

a) ein Feind zwei *Feinde* __________________

b) ein Haar zwei __________________________

c) ein Land zwei __________________________

d) eine Klasse zwei __________________________

e) ein Tag zwei __________________________

f) eine Hand zwei __________________________

g) ein Wort zwei __________________________

8. Welches von den zwei Wörtern passt? Streiche das falsche Wort durch und schreibe die richtige Lösung auf die Zeile.

a) ~~**bluten**~~ oder **blutet**

Leila *blutet*.

b) **wollen** oder **will**

Das Mädchen ____________________ malen.

c) **spielen** oder **spielt**

Das Kind ____________________ mit dem Ball.

d) **geben** oder **gibt**

Die Oma ____________________ mir ein Geschenk.

e) **helfen** oder **hilft**

Mein Freund ____________________ mir.

f) **schlagen** oder **schlägt**

Die Glocke ____________________ fünf Uhr.

g) **müssen** oder **muss**

Ein Hund ____________________ bellen.

3 Diktate

Lass dir Text 1 nun vorlesen. Anschließend prüft ihr gemeinsam, ob du alles richtig geschrieben hast. Text 2 ist dann morgen dran. Die wichtigen Lernwörter sind in beiden Texten farbig gedruckt.

Text 1

Das fremde Mädchen

Keiner spielt mit ihr. | Sie hat dunkle Augen | und schwarze Haare. | Ihr Gesicht ist sehr braun. | Sie ist fremd | und kann kein Deutsch. | Leila ist neu | in meiner Klasse. | Sie darf bei mir sitzen. | Leila will nichts falsch machen. | Wie können wir ihr helfen?

Text 2

Wir müssen Leila helfen

Einer hat Leila geschlagen. | Sie blutet aus dem Mund. | An der Hand | hat sie eine Wunde. | Sie weint still vor sich hin. | Sie tut mir Leid. | Frau Wolf ist sehr böse, | weil wir alle | so schlecht zu Leila sind. | Sie gibt uns einen Rat. | Leila muss | neue Freunde finden, | keine neuen Feinde. | Ab heute | sitzt jeden Tag | ein anderes Kind bei ihr. | Und jeder muss ihr dann | drei neue Wörter beibringen.

B Das mag der Igel

1 Lernwörter

Schau dir die Wörter auf diesen beiden Seiten genau an.
Präge dir gut ein, wie man sie schreibt.

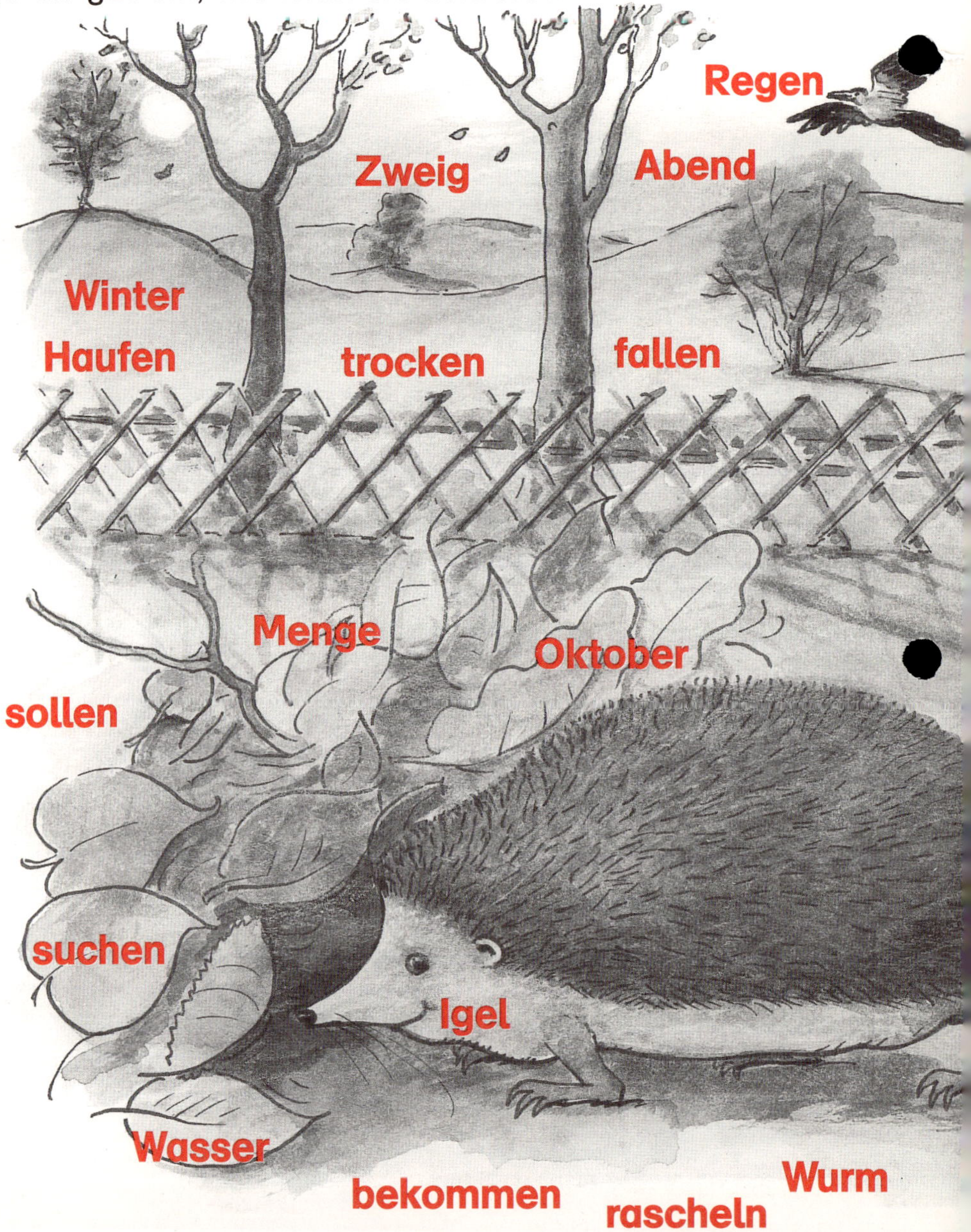

aufwachen
Wohnung
warm
schlafen
März
dort
lieben
schön
bis
September
frisch
trinken
gesund
eilen
mögen
Schnecke

2 Wortübungen

1. Welche Lernwörter passen zu diesen Bildern? Schreibe sie auf die Zeilen.

a) 

____

b) 

____

c) 

____

d) 

____

2. Hier stimmt etwas nicht! Streiche das falsche Wort durch und schreibe das richtige auf die Zeile.

a) Oktober Ocktober ______________________

b) falen fallen ______________________

c) leiben lieben ______________________

d) gesund gesunt ______________________

e) Wonung Wohnung ______________________

3. Die Silben sind durcheinander gepurzelt. Setze sie richtig zusammen und schreibe die Wörter auf die Zeilen.

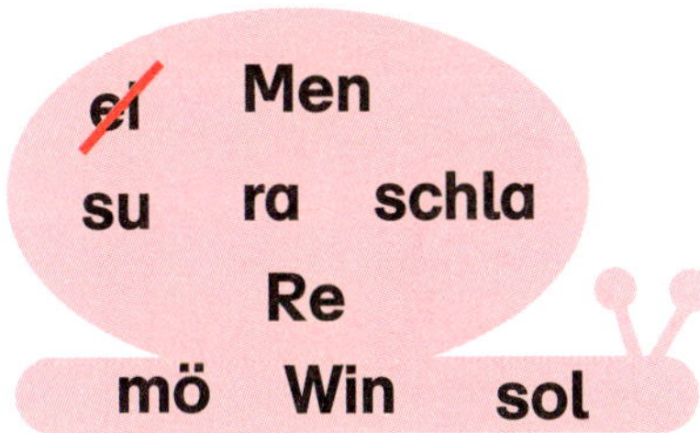

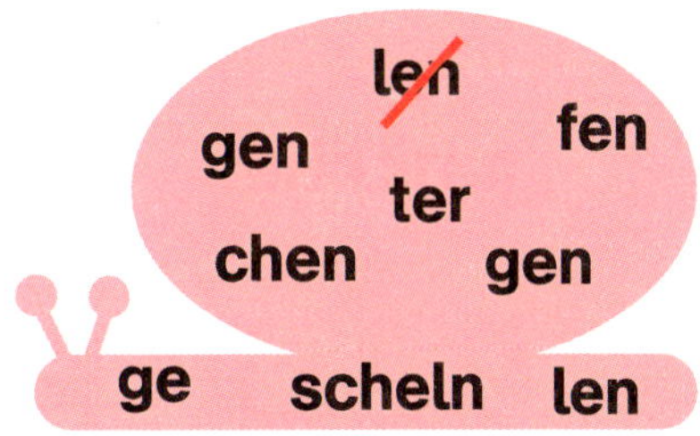

eilen, ______________________________

____

____

4. So heißen alle Monate des Jahres. Male die Namen in verschiedenen Farben aus und schreibe sie in der richtigen Reihenfolge auf die Zeilen.

JANUARAPRILDEZEMBERJUNIFEBRUARNOVEMBER
JULIMÄRZOKTOBERMAISEPTEMBERAUGUST

Januar, ______________________________

____

____

____

5. Setze die Buchstaben richtig in die Lücken ein.

ck ö ll ä mm ll ck ö ~~ss~~

Wa_ss_er beko____en Schne____e

M____rz fa____en m____gen

tro____en sch____n so____en

6. Welche Wörter sind zusammen ein Paar? Schreibe die Paare nebeneinander auf eine Zeile.

~~warm~~ Wohnung Liebe

mögen

trocken wohnen

~~Wärme~~

mag trocknen

lieben

warm Wärme, ______________________________

____

____

7. Schau dir die Tunwörter an und ergänze damit die Sätze. Dabei musst du die Tunwörter ein bisschen verändern.

~~aufwachen~~ bekommen fallen lieben

schlafen suchen trinken sollen

a) Hanna *wacht auf*.

b) Lisa be ______________ ein Geschenk.

c) Mein Hund l ______________ den Knochen.

d) Der Regen f ______________ .

e) Das Baby sch ______________ .

f) Klaus s ______________ Brot und Butter kaufen.

g) Opa s ______________ seine Brille.

h) Tina t ______________ heißen Tee.

8. Zaubere aus den Wortresten und den Buchstaben wieder richtige Wörter. Schreibe sie auf die Zeilen. Pass gut auf: Einer der zusätzlichen Buchstaben ist immer falsch. Streiche ihn durch.

a) ✱egen — R l f ~~b~~

Regen, legen, fegen

b) ✱aufen — H k G l

c) ✱ollen — k w r s

d) ✱urm — St Z T W

e) ✱ort — d Sp T f

f) ✱ieben — f s l sch

g) ✱isch — F T D fr

3 Diktate

Lass dir Text 1 nun vorlesen. Anschließend prüft ihr gemeinsam, ob du alles richtig geschrieben hast. Text 2 ist dann morgen dran. Die wichtigen Lernwörter sind in beiden Texten farbig gedruckt.

Text 1

Wer kennt unsere Gäste?

Jeden **Abend** | **bekommen** sie | **frisches Wasser**. | Unsere Freunde | **wohnen** unter **Zweigen** | und Blättern. | **Dort** haben sie es | **schön trocken** und **warm**. | Sie **lieben** die **Abfälle** | aus unserer Küche. | Für den kleinsten Gast | **suchen** wir | eine **Menge Regenwürmer** | und **Schnecken**. | Er **soll bis** zum **Oktober** | ganz groß werden. | Wer ist es?

Text 2

Warten auf den Winter

Es ist **September**. | Der **Abend** | ist noch **schön warm**. | Hänschen **Igel** | **raschelt** in seinem **Haufen** | aus **Zweigen** | und **trockenen** Blättern. | Er hat es **eilig**. | Ich muss **dort** hinten essen | und **frisches Wasser trinken**, | denkt er. | **Abfall** aus der Küche, | **Regenwürmer**, | **Schnecken**. | Das **mag** ich! | Dann kann ich | den ganzen **Winter schlafen** | und im **März** | oder April | **gesund aufwachen**.

C Mit dem Bus zur Schule

1 Lernwörter

Schau dir die Wörter auf diesen beiden Seiten genau an.
Präge dir gut ein, wie man sie schreibt.

Schulbus
fahren
dürfen
nach
rasen
Bus
breit
ihm
warten
nur
gehen
sicher
lachen
weit
Land
ihn
viel
Wagen
schnell
Straße

2 Wortübungen

1. Die Lernwörter rollen den Berg hinunter. Halte sie fest und schreibe sie auf die Zeilen.

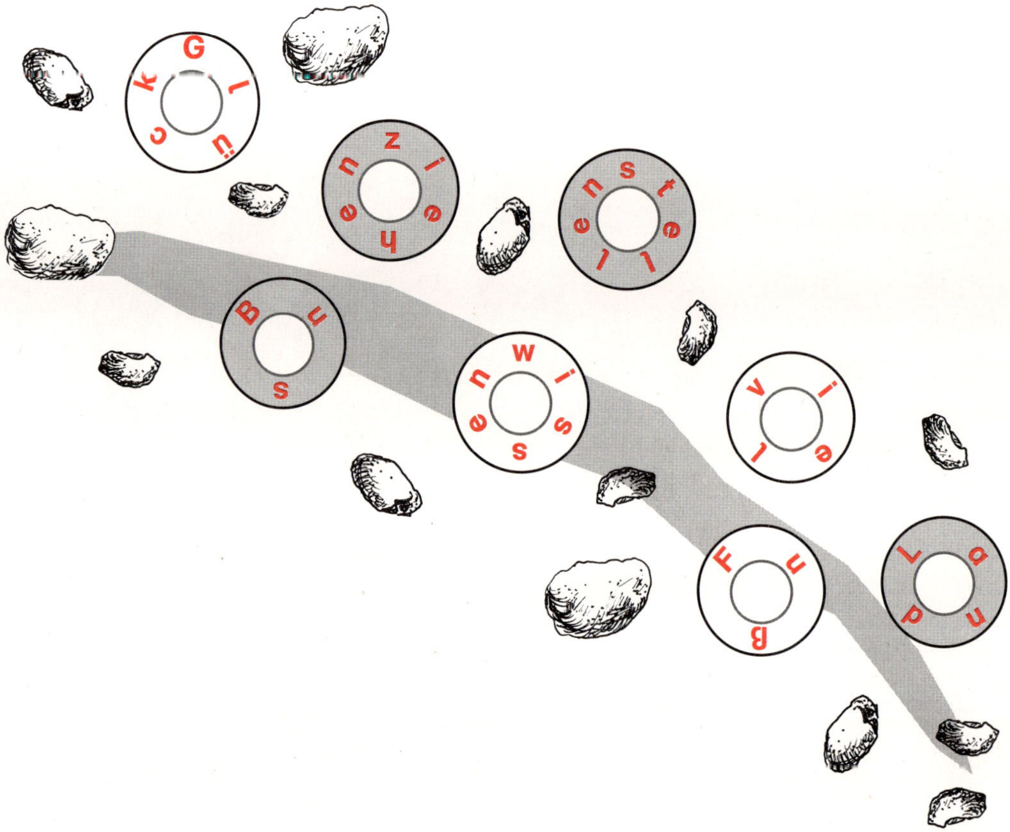

2. Welche Wörter sind Namenwörter? Schreibe sie mit dem bestimmten Begleiter (*der*, *die* oder *das*) richtig auf die Zeilen. Schreibe danach dic anderen Wörter auf die Zeilen unten auf der Seite.

____

____

____

Die anderen Wörter sind:

____

____

____

3. Ergänze die Formen mit *du* und *er*. Sie sind etwas schwierig. Denke also gut nach, bevor du die Lösungen auf die Zeilen schreibst.

a)	dürfen	du	*darfst*	er	*darf*
b)	gehen	du	________	er	________
c)	treffen	du	________	er	________
d)	wissen	du	________	er	________
e)	treten	du	________	er	________
f)	fahren	du	________	er	________

4. Wie heißt dieser Satz? Schreibe ihn richtig auf die Zeilen.

sIA regnägßuF tsfrad ud run
ma nefiertsarbeZ
rebü eid eßartS neheg!

____

____

____

____

5. Hier sind die Wörter durcheinander geraten. Setze sie richtig zusammen. Schreibe die Lösungen mit dem bestimmten Begleiter (*der*, *die* oder *das*) auf die Zeilen.

Fuß straße | Last rand | Straßen stelle

~~Schul~~ wagen | Land ~~bus~~ | Halte weg

der Schulbus, ______________________

____

____

____

6. Diesen Lernwörtern fehlt ein Buchstabe. Schreibe ihn in das Straßenschild.

 ber

 ur

nu 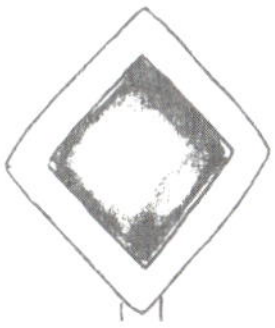

 eit

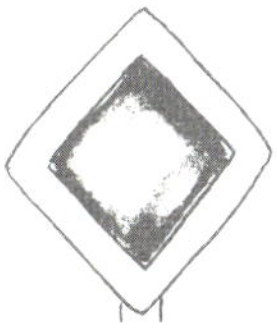 reit

schnel 

7. Findest du immer das passende Reimwort? Schreibe die Lösungen auf die Zeilen.

a) darum

w*arum*________

b) Morgen

S________

c) nur

z________

d) viel

Z________

e) schauen

b________

f) schnell

h________

8. Ergänze die Wörter durch v oder V. Schreibe jedes Wort dann noch einmal auf die Zeile darunter.

a) ____ ater

____

b) ____ ogel

____

c) ____ oll

____

d) ____ om

____

e) ____ iel

____

f) ____ ier

____

3 Diktate

Lass dir Text 1 nun vorlesen. Anschließend prüft ihr gemeinsam, ob du alles richtig geschrieben hast. Text 2 ist dann morgen dran. Die wichtigen Lernwörter sind in beiden Texten farbig gedruckt.

Text 1

Ein **weiter** Schulweg

Andi und Julia | haben einen sehr **weiten** Schulweg. | Auf der **Landstraße** | **fahren** jeden **Morgen** | **viele** Autos | und große **Lastwagen**. | Sie können auch nicht | zu **Fuß gehen**. | Es gibt keinen **Fußweg**. | Andi und Julia | **dürfen** mit dem **Schulbus fahren**. | Mit **ihm geht** es | **schnell** und **sicher**.

Text 2

An der **Haltestelle**

Andi und Julia | **gehen** jeden **Morgen** | zu **Fuß zur Haltestelle**. | Dort **treffen** sie auch | die anderen Kinder. | Sie **warten**, | bis der **Bus** kommt. | Andi **tritt** | **nahe an** den **Straßenrand**. | Er will **nach** dem **Bus schauen**. | Julia **warnt ihn**: | Du **gehst viel** zu **weit** | **an** die **Straße**! | Du **weißt** doch, | wie die Autos **rasen**. | **Aber** Andi **lacht** sie nur aus. | Da kommt ein **breiter Lastwagen**. | Julia **zieht** Andi am Arm. | **Glück** gehabt!

D Der Nikolaus kommt

1 Lernwörter

Schau dir die Wörter auf diesen beiden Seiten genau an.
Präge dir gut ein, wie man sie schreibt.

Abend
ob
Zimmer
seinem
gut
lieben
Jahr
ihnen
ganz
alle
Pferd
lesen
doch
besonders
Geschichte
denken

2 Wortübungen

1. Die Buchstaben sind durcheinander geraten.
Erkennst du die Lernwörter trotzdem?
Schreibe sie auf die Zeilen.

a)

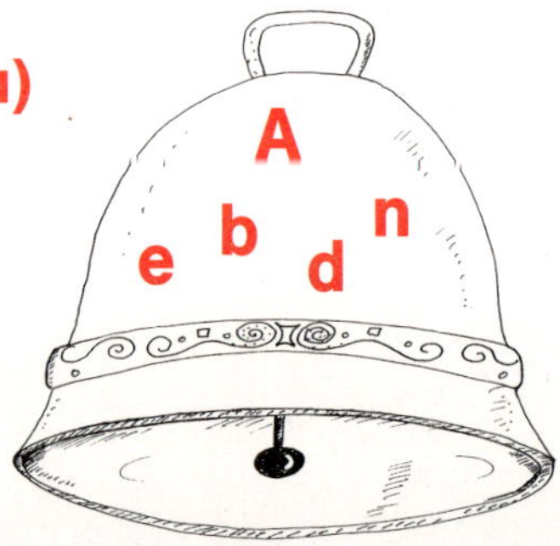

b)

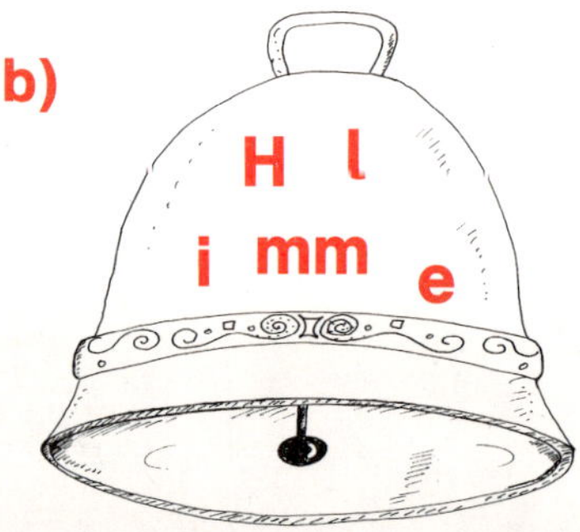

c)

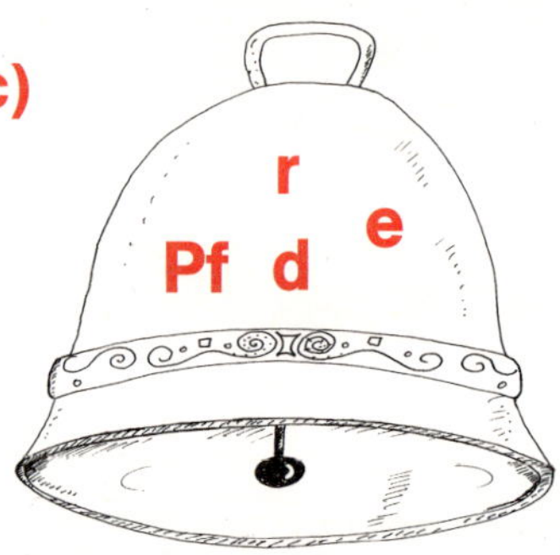

d)

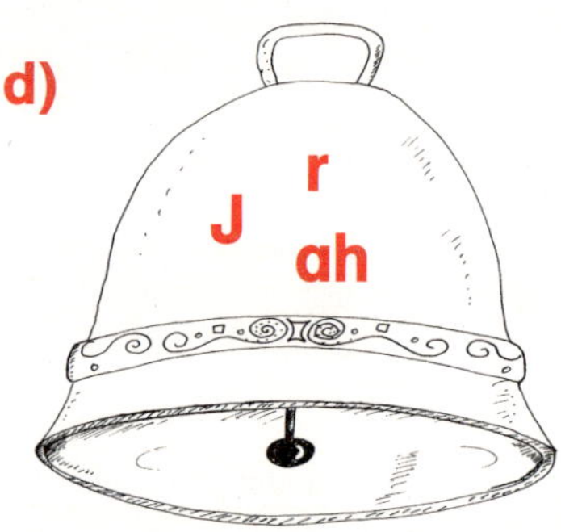

e)

f)

2. Welche Lernwörter sind hier gemeint? Ergänze erst die Anfangsbuchstaben, danach die Formen mit *du* und *er*.

a)	_denken	du denkst_____	er denkt_____
b)	__ennen	du ______	er ______
c)	__eben	du ______	er ______
d)	__esen	du ______	er ______
e)	__ieben	du ______	er ______
f)	__eisen	du ______	er ______

3. Hier stimmt etwas nicht! Streiche das falsche Wort durch und schreibe das richtige auf die Zeile.

a)	Ziet	Zeit	______
b)	Erde	Eder	______
c)	Gedicht	Gidicht	______
d)	Famlilie	Familie	______
e)	Schnee	Schnie	______
f)	Zimer	Zimmer	______

4. Dem Nikolaus sind die Wörter von hinten nach vorne aus dem Sack gepurzelt. Wie heißen sie richtig? Schreibe auf.

rov **znag** **etölF**

ella

tug

hcod

bo **nenhi**

mov

srednoseb

5. Hier sind die Lernwörter nur zur Hälfte zu sehen. Erkennst du sie trotzdem? Schreibe sie mit dem bestimmten Begleiter (*der*, *die* oder *das*) auf die Zeilen.

a) Abend ______________________

b) Zeit ______________________

c) Pferd ______________________

d) Gedicht ______________________

e) Jahr ______________________

f) Eis ______________________

6. Trenne die Wörter nach Sprechsilben. Achtung: Ein Wort bleibt übrig. Du kannst es nicht trennen!

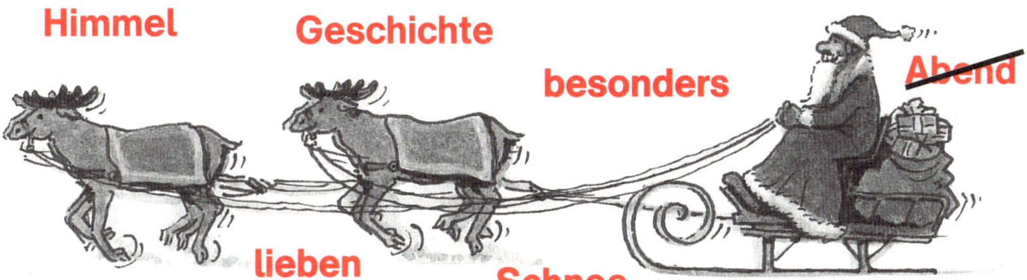

A-bend, ______________________

____

____

Dieses Wort darf ich nicht trennen: ______________________

7. In diesem Winterwald verstecken sich viele Wörter.
Welche gehören wie eine Familie zusammen?
Schreibe sie nebeneinander auf eine Zeile.

denken
Dichter
liebt
lebt
gedacht
lieb
lesen
erkannt
erkennen
kennen
Liebling
dichten
Lesebuch
Leben
Gedicht
Gedanke
vorlesen
lebendig

3 Diktate

Lass dir Text 1 nun vorlesen. Anschließend prüft ihr gemeinsam, ob du alles richtig geschrieben hast. Text 2 ist dann morgen dran. Die wichtigen Lernwörter sind in beiden Texten farbig gedruckt.

Text 1

Wir warten auf den Nikolaus

Am **Abend** des 5. Dezember sitzt die **ganze Familie** im **Wohnzimmer**, wie in jedem **Jahr**. Peter hat ein **Gedicht** gelernt. Moni kann ein **Lied** singen. Lisa spielt **Flöte**. Der Nikolaus wird kommen. Als sie noch kleiner waren, **dachten** sie, der Nikolaus kommt mit **seinem Pferdeschlitten**. Durch **Eis** und **Schnee** **reist** er **vom Himmel** auf die **Erde**. Er **kennt** jedes Kind und weiß, **ob** es **gut** oder nicht **lieb** war.

Text 2

Kennst **du die** **Geschichte vom** **Nikolaus?**

Lisa, Peter und Moni **kennen** die **Geschichte** **vom** Nikolaus. Sie können ja schon **lesen**. Sie wissen, er **reist** nicht mit **seinem Pferdeschlitten** **vom Himmel** auf die **Erde**. Das **denken doch** nur kleine Kinder! Der Nikolaus hat **vor** langer **Zeit gelebt**. Er hat **allen** Kindern geholfen. Aber jedes **Jahr**, am **Abend** des 5. Dezember, wartet die **ganze Familie** im **Wohnzimmer** auf den Nikolaus. Und an den Tagen **vorher** sind die Kinder **besonders lieb**.

E Richtig essen – gesund bleiben

1 Lernwörter

Schau dir die Wörter auf diesen beiden Seiten genau an.
Präge dir gut ein, wie man sie schreibt.

antworten

kaufen

Luft

fragen

Riese

Brot

bleiben

gesund

leicht

Messer

Honig

essen

Gurke

oft

halb

sehen

krank

lernen

blass

reden

ie

teilen

Gabel

passen

Pause

senden

schreiben

richtig

selten

Fuß

2 Wortübungen

1. Welche Lernwörter passen zu diesen Bildern? Schreibe sie auf die Zeilen. Ergänze auch den bestimmten Begleiter (*der*, *die* oder *das*).

a)

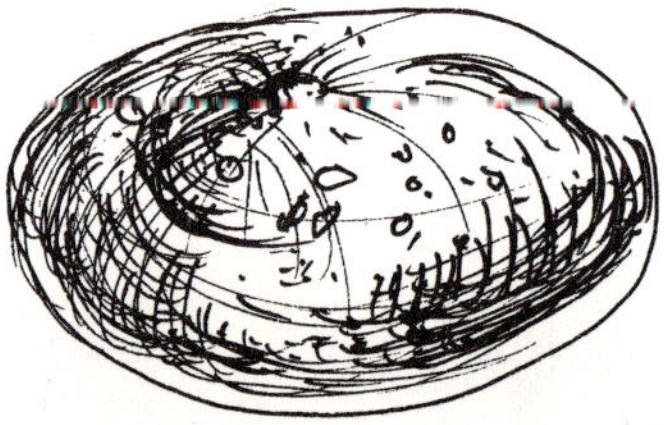

b)

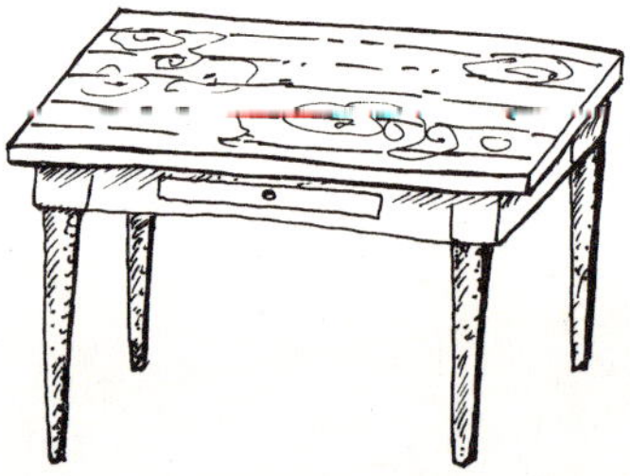

c)

d)

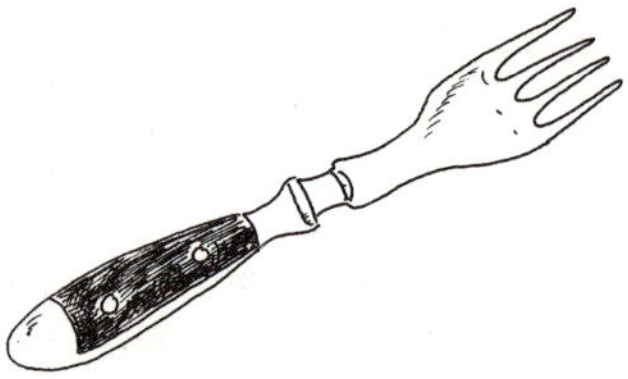

e)

f)

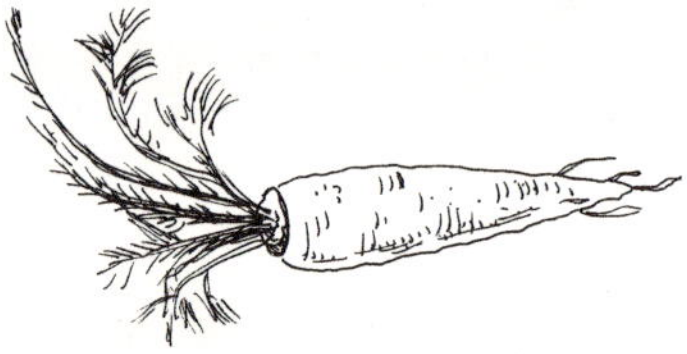

2. Erkennst du diese Lernwörter? Schreibe sie auf die Zeilen.

a) 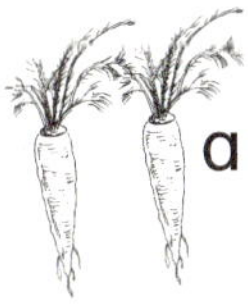 a g e n

____

b) 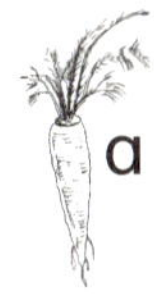 a u s e

____

c) g e s u 

____

d)  o n i 

____

e) F u 

____

f) M  l i

____

3. Schau dir die Lernwörter auf den Seiten 38 und 39 genau an. 15 Wörter haben nur eine Silbe. Schreibe sie hier auf die Zeilen.

____

____

____

____

____

____

4. Erkennst du die Lernwörter? Schreibe sie auf die erste Zeile. Schreibe darunter das Wort noch einmal mit der Trennung nach Sprechsilben.

a) u e B tt r

Butter

But-ter

b) e r W b u n g

c) n k bb a r e n

d) ss e e n

e) s e R ie

f) a ss p n e

g) a o tt K r e

h) e ss M r e

5. In diesem Gemüsestand sind viele Wörter versteckt. Suche immer die zwei heraus, die zu einer Familie gehören. Schreibe sie zusammen auf eine Zeile.

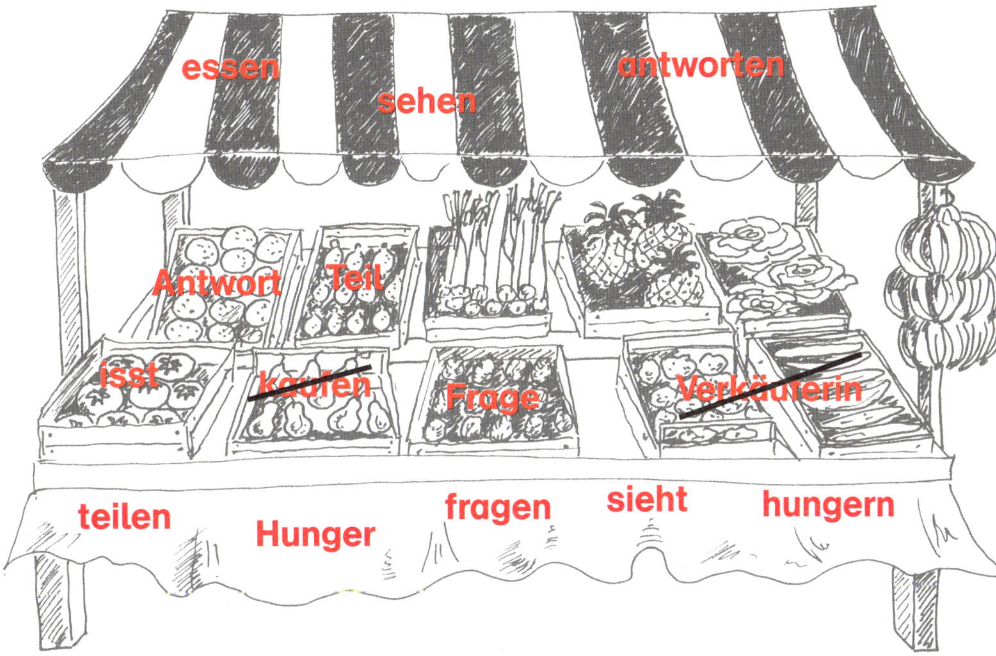

Verkäuferin kaufen

6. Suche auf Seite 38 und 39 die Lernwörter, die das Gegenteil meinen. Schreibe sie in die Kästchen.

a) immer

b) oft

c) falsch

d) Zwerg

e) krank

7. Hier sind die Wortteile durcheinander geraten. Setze sie richtig zusammen. Schreibe die Lösungen auf die Zeilen.

a)	~~Hun~~	tag	*Hunger*
b)	Wer	tig	
c)	knab	ter	
d)	Müs	bern	
e)	Mit	sen	
f)	But	li	
g)	Mes	nig	
h)	es	bung	
i)	se	~~ger~~	
j)	schrei	ser	
k)	rich	hen	
l)	Ho	ben	

8. Hier fehlen alle doppelten Mitlaute. Wie heißen die Wörter? Schreibe sie richtig auf die Zeilen.

a) K a r o  e ______________________

b) k n a  e r n ______________________

c) M i  a g ______________________

d) B u  e r ______________________

e) M e  e r ______________________

f) e  e n ______________________

g) b l a  ______________________

h) p a 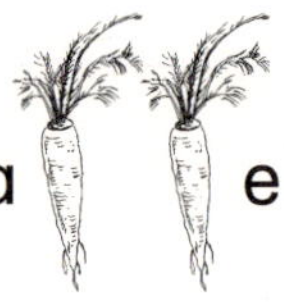 e n ______________________

3 Diktate

Lass dir Text 1 nun vorlesen. Anschließend prüft ihr gemeinsam, ob du alles richtig geschrieben hast. Text 2 ist dann morgen dran. Die wichtigen Lernwörter sind in beiden Texten farbig gedruckt.

Text 1

Lukas hat keinen Hunger

Lukas ist **blass**. | Er hat **nie Hunger**. | Auf dem **Weg** zur Schule | **kauft** er sich | einen **Müsli-Riesen**. | Da **bleibt** das Kind **gesund**. | Das zeigt auch | die **Werbung** im **Fernsehen**. | Die **sieht** er jeden Tag | beim **Mittagessen**. | Eine **Hälfte** | **knabbert** Lukas **gleich**. | Den anderen **Teil** | **isst** er in der **Pause**. | **Leider lernt** er **oft** | nicht so **leicht** | wie die anderen. | Was kann er **dagegen tun**?

Text 2

Tobi bleibt gesund

Tobi ist **selten krank**. | Er **sieht gesund** aus. | Das kommt von der **frischen Luft**. | Er spielt **Fußball**. | Jeden Morgen | **isst** er ein **Brot** | mit **Honig**. | Für die **Pause** | hat er Äpfel, | dunkles **Butterbrot**, | **Gurken** | oder **Karotten** dabei. | Er passt auf | und **lernt leicht**. | Tobi liest, | **schreibt** | und **rechnet** gut. | Zu **Mittag essen** sie alle | so **richtig** mit **Messer** | und **Gabel** | am **Tisch**. | Sie **reden**, | sie **fragen** | und sie **antworten**. | **Oft** alle zur **gleichen** Zeit.

F Der Duft aus der Flasche

1 Lernwörter

Schau dir die Wörter auf diesen beiden Seiten genau an.
Präge dir gut ein, wie man sie schreibt.

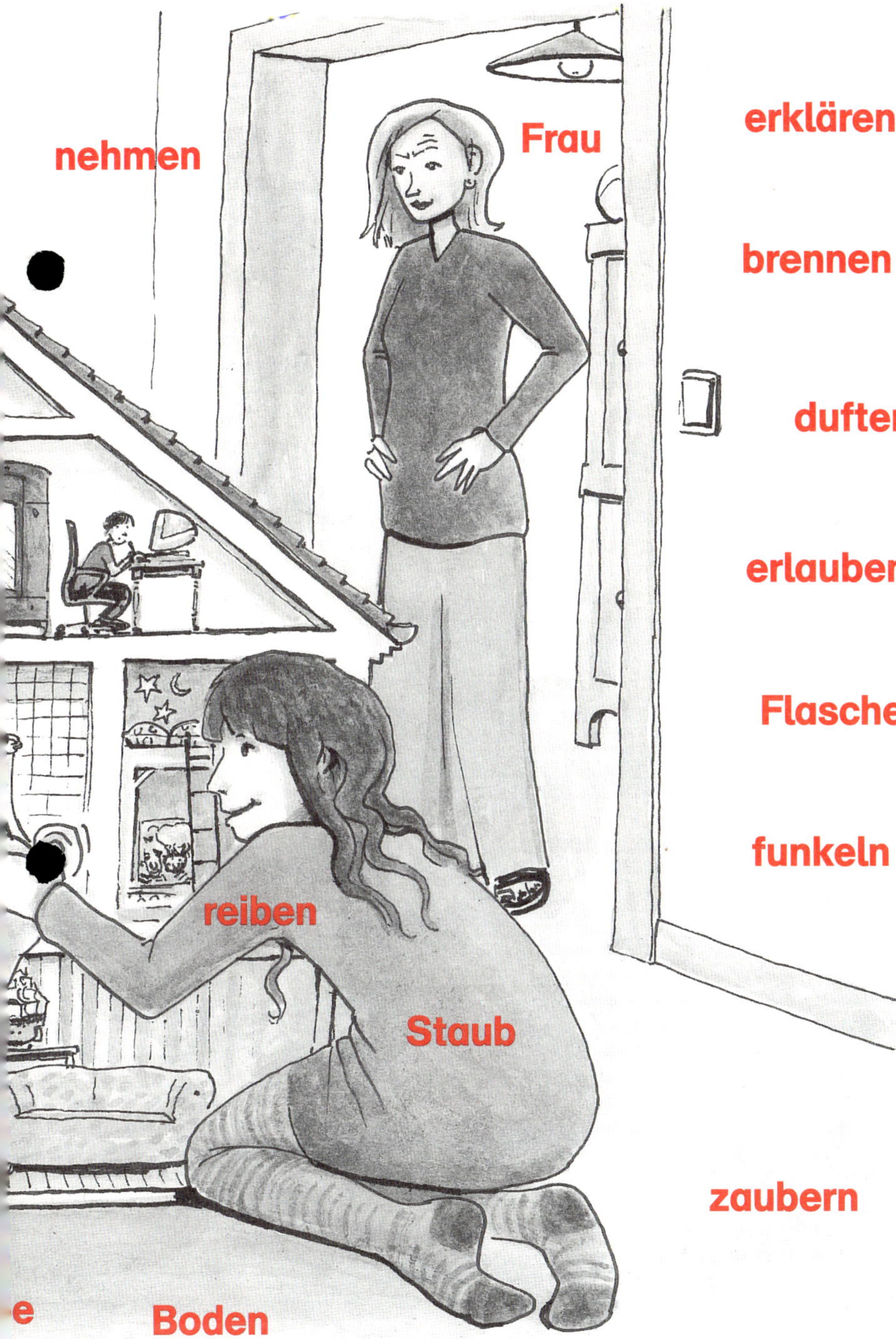
nehmen
Frau
erklären
brennen
duften
erlauben
Flasche
funkeln
reiben
Staub
zaubern
e
Boden

2 Wortübungen

1. Welche Lernwörter passen zu diesen Bildern? Schreibe sie auf die Zeilen.

a) 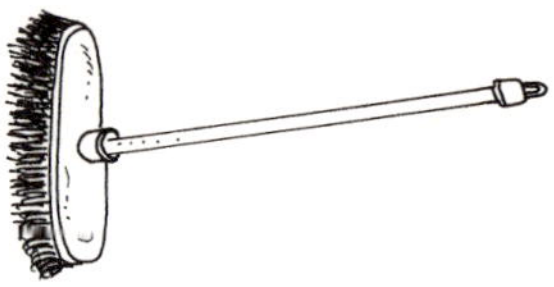

____

b) 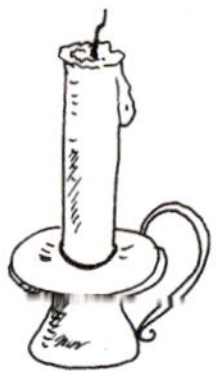

____

c) 

____

d) 

____

2. Findest du immer das passende Reimwort? Schreibe die Lösungen auf die Zeilen.

a) brennen

tr______________________

b) nett

f______________________

c) Staub

L______________________

d) hell

schn______________________

3. Hier verstecken sich 8 Tunwörter. Schreibe sie richtig auf die Zeilen.

SPIELENBRENNENREINIGENDUFTENREIBENERKLÄRENNEHMENERLAUBEN

4. Suche auf Seite 48 und 49 die Lernwörter, die das Gegenteil meinen. Schreibe sie auf die Zeilen.

a) schmutzig ____________________

b) schwer ____________________

c) dunkel ____________________

d) ungemütlich ____________________

5. In dieser Zauberkiste verstecken sich Namenwörter. Finde sie und schreibe sie in Einzahl und Mehrzahl (mit *der*, *die* oder *das*) auf die Zeilen.

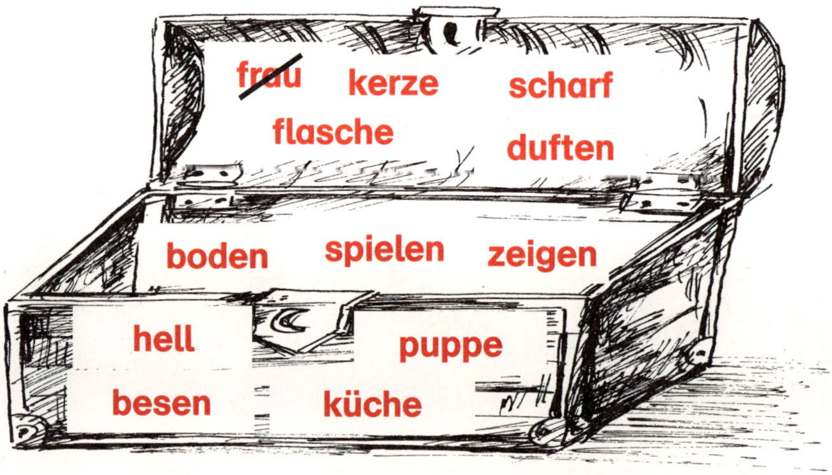

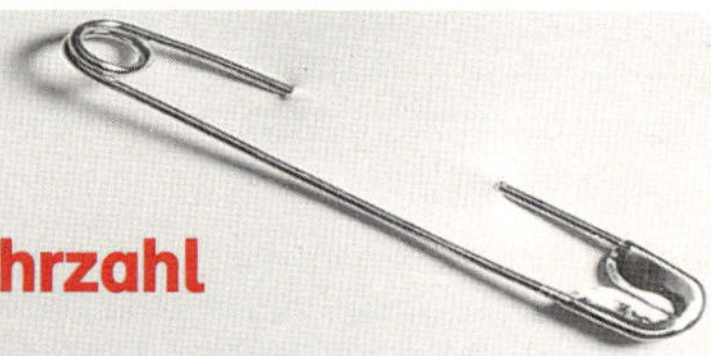

Einzahl	Mehrzahl
die Frau	*die Frauen*

6. Bilde mit den Wörtern in den Sprechblasen jeweils einen kurzen Satz. Dabei musst du die Tunwörter etwas verändern, damit die Sätze stimmen. Schreibe die Sätze auf die Zeilen. Denke dabei an die Großschreibung am Satzanfang und an den Punkt am Satzende.

a) spielen das Kind — *Das Kind spielt.* ______

b) duften die Rose ______

c) eine zaubern Hexe ______

d) Stern funkeln der ______

e) Mutter die erklären ______

f) brennen Kerze die ______

7. Welcher Laut fehlt: ei oder au? Ergänze die fehlenden Buchstaben. Schreibe die Wörter dann in die richtige Spalte.

erl  ben

s  ber

kl  n

z  bern

z  gen

r  nigen

Fr 

St  b

l  cht

bl  ben

Wörter mit ei

Wörter mit au

3 Diktate

Lass dir Text 1 nun vorlesen. Anschließend prüft ihr gemeinsam, ob du alles richtig geschrieben hast. Text 2 ist dann morgen dran. Die wichtigen Lernwörter sind in beiden Texten farbig gedruckt.

Text 1

Tu das lieber nicht, Anna!

Anna sieht fern. | Eine **nette Frau** | **zeigt** mit einem **Besen** | auf den **Fußboden**. | Der **Boden funkelt**. | Die **Frau erklärt**: | Aus dieser **Flasche** | kommt der **Zauber**, | mit ihm wird alles | **klar** und **sauber**! | Anna kennt die **Flasche** | aus Mamas **Küche**. | Sie darf nicht | damit **spielen**. | Mama **erlaubt** es nicht. | Das Mittel ist **scharf** | und könnte **leicht brennen**.

Text 2

Wir spielen nicht damit

Anna und ihre Freundin Lisa | **spielen** mit den **Puppen**. | Aber das **Puppenhaus** | ist **staubig**. | Sie wollen es richtig **reinigen**. | Der **Fußboden** | soll auch **funkeln**. | Anna bringt das **Zaubermittel** | aus der **Küche**. | Wir machen nur **sauber**. | Wir **spielen** ja nicht damit, | **erklärt** sie. | Das ganze Haus | **reiben** sie ab, | bis es **duftet** | und alles **hell** ist. | Nun will Anna | es den **Puppen** | **gemütlich** machen.

G Warm und kalt

1 Lernwörter

Schau dir die Wörter auf diesen beiden Seiten genau an.
Präge dir gut ein, wie man sie schreibt.

Nacht einige gegen Ende

frieren messen

2 Wortübungen

1. Erkennst du die Lernwörter? Schreibe sie auf die Zeilen.

a) b a d e n

b) m ei n e n

c) W o ch e

d) l e g e n

e) ei n i g e

f) k a l t

2. Hier stimmt etwas nicht! Streiche das falsche Wort durch und schreibe das richtige auf die Zeile.

a) tihf tief

b) ihre iere

c) beide biede

d) Wurst wurst

3. Die Wörter schwimmen im Wasser. Sie sind nur zur Hälfte zu sehen. Erkennst du sie trotzdem? Schreibe sie auf die Zeilen. Bei Namenwörtern ergänzt du auch den bestimmten Begleiter (*der*, *die* oder *das*).

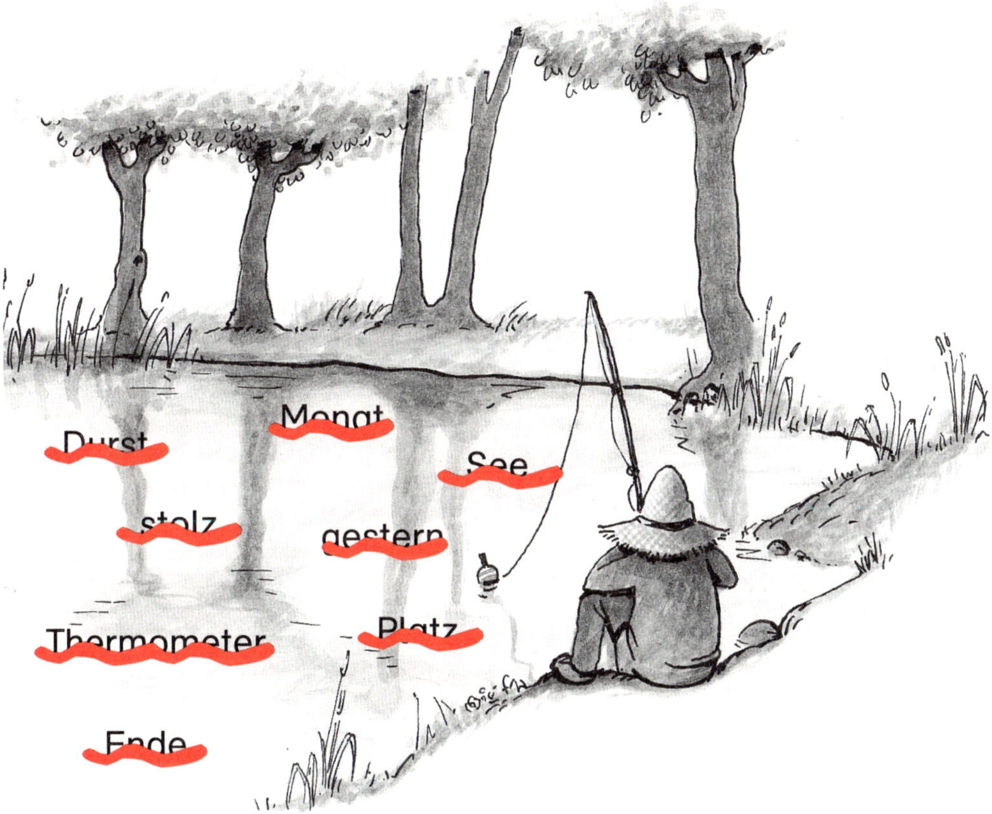

4. Hier sind die Wörter durcheinander geraten. Setze sie richtig zusammen. Schreibe die Lösungen mit dem bestimmten Begleiter (*der*, *die* oder *das*) auf die Zeilen.

Wochen tasche   Sonnen truhe   Sitz saft

Apfel platz   Gefrier schein   Bade ende

das Wochenende, ______________________________

____

____

____

5. Welche Lernwörter sind hier gemeint? Ergänze erst die Anfangsbuchstaben, danach die Formen mit *ich* und *du*.

a) l egen   ich lege ______   du legst ______

b) __essen   ich ______   du ______

c) __einen   ich ______   du ______

d) __rren   ich ______   du ______

e) __rieren   ich ______   du ______

6. In dieser Gefriertruhe stecken Wörter, von denen immer drei zusammengehören. Schreibe die drei Wörter auf eine Zeile.

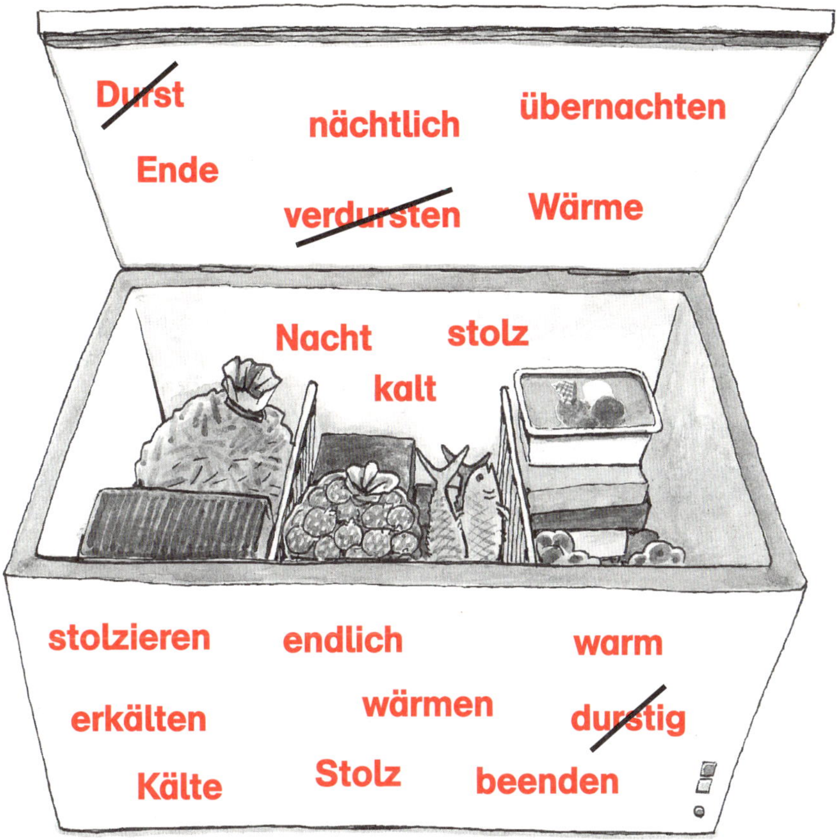

Durst, verdursten, durstig

7. Schau dir diese Wörter genau an. Sie sind nicht ganz leicht. Schreibe sie in die richtigen Wortrahmen.

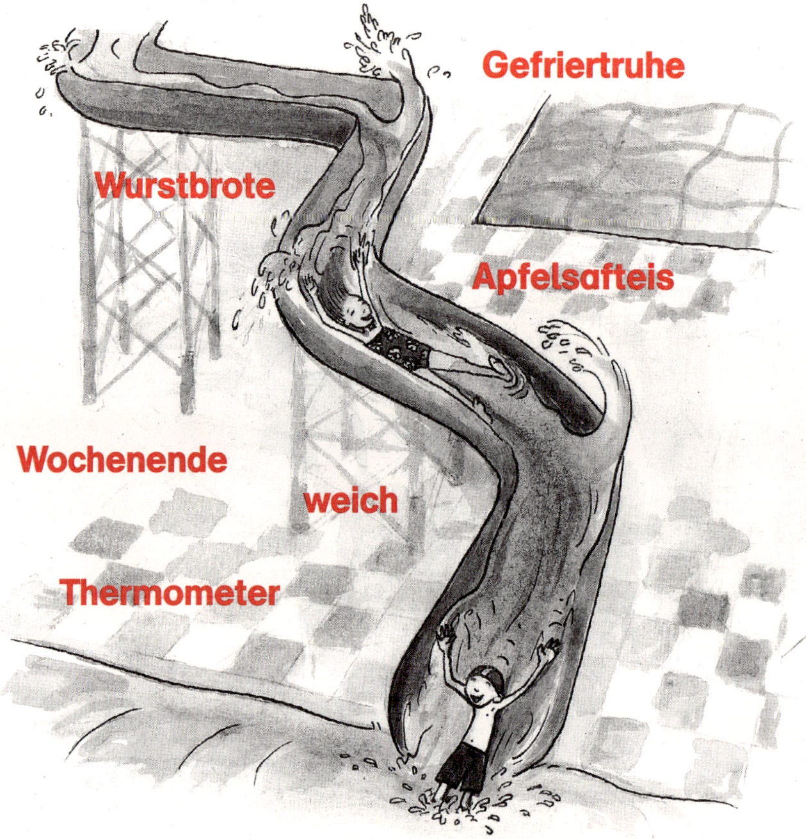

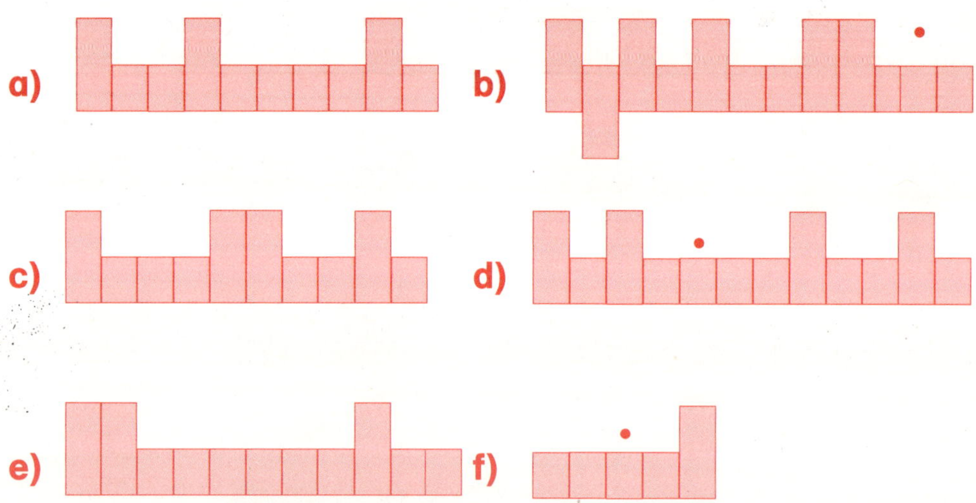

3 Diktate

Lass dir Text 1 nun vorlesen. Anschließend prüft ihr gemeinsam, ob du alles richtig geschrieben hast. Text 2 ist dann morgen dran. Die wichtigen Lernwörter sind in beiden Texten farbig gedruckt.

Text 1

Apfelsafteis

Es ist **Wochenende** | und ein **warmer** Tag | im **Monat** Mai. | Tom und Tobi | wollen **zum See** fahren. | **Gestern** Abend | haben sie | **ihre Badetaschen** gepackt. | **Einige** Flaschen | mit **Apfelsaft** | haben sie während der **Nacht** | **tief** unten | in die **Gefriertruhe gelegt**. | So sind sie morgen schön **kalt**, | **meinen** sie **stolz**. | Oder **irren** sie sich?

Text 2

Wasser und **Wurstbrote**

Am **Wochenende** | **scheint** die **Sonne**. | Es ist nicht mehr **kalt**. | Mit dem **Thermometer** | **messen** sie 25 **Grad**. | Tom und Tobi | nehmen **ihre Badetaschen** | vom **Rad**. | Sie suchen sich | einen **weichen Platz** | auf der Wiese am **See**. | Nach **einigen Wurstbroten** | sind sie **satt**. | **Gegen** den **Durst** | gibt es nur **Wasser**. | Warum haben sie | den **Apfelsaft** nicht mitgenommen?

H Die fleißige Biene

1 Lernwörter

Schau dir die Wörter auf diesen beiden Seiten genau an.
Präge dir gut ein, wie man sie schreibt.

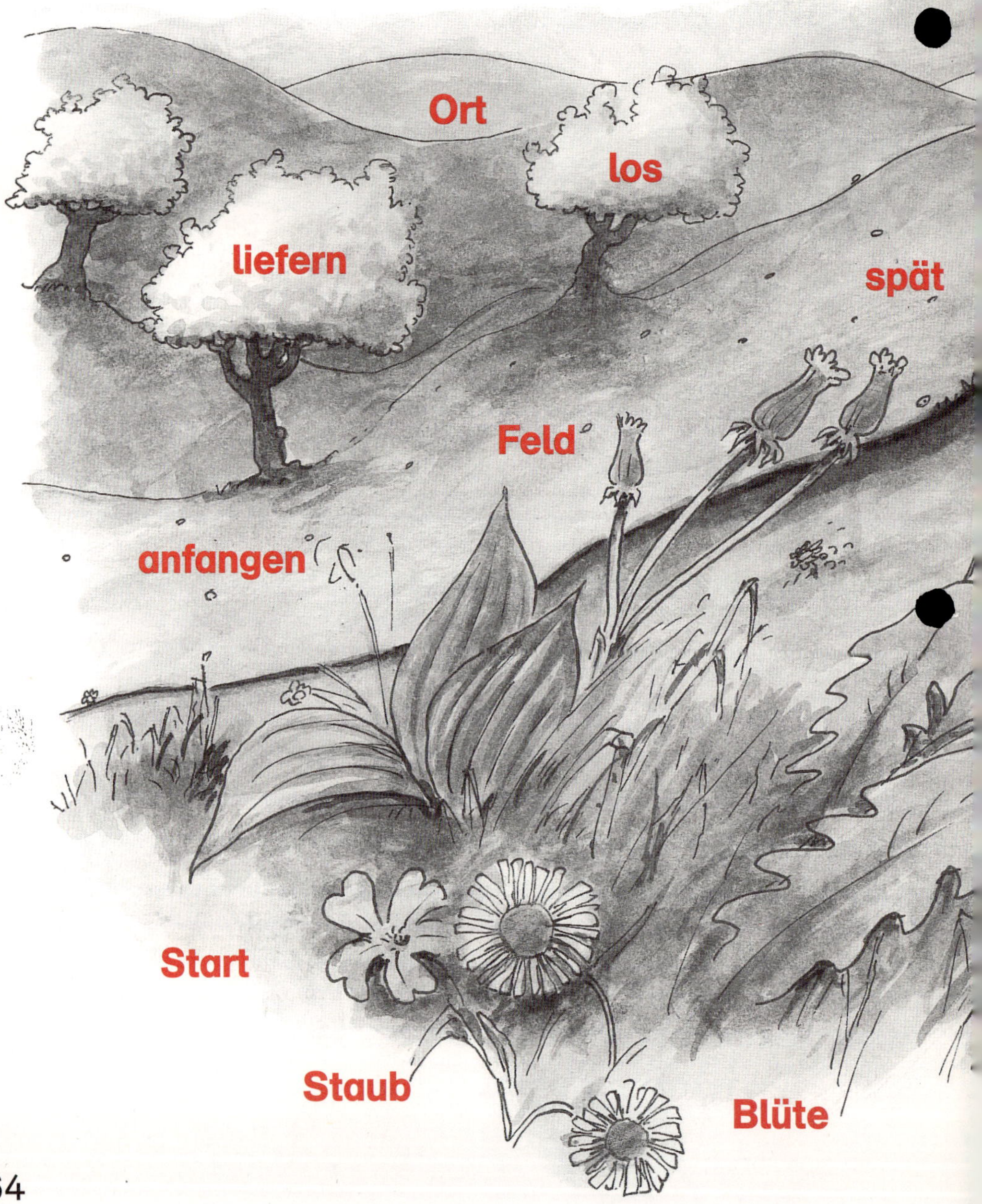

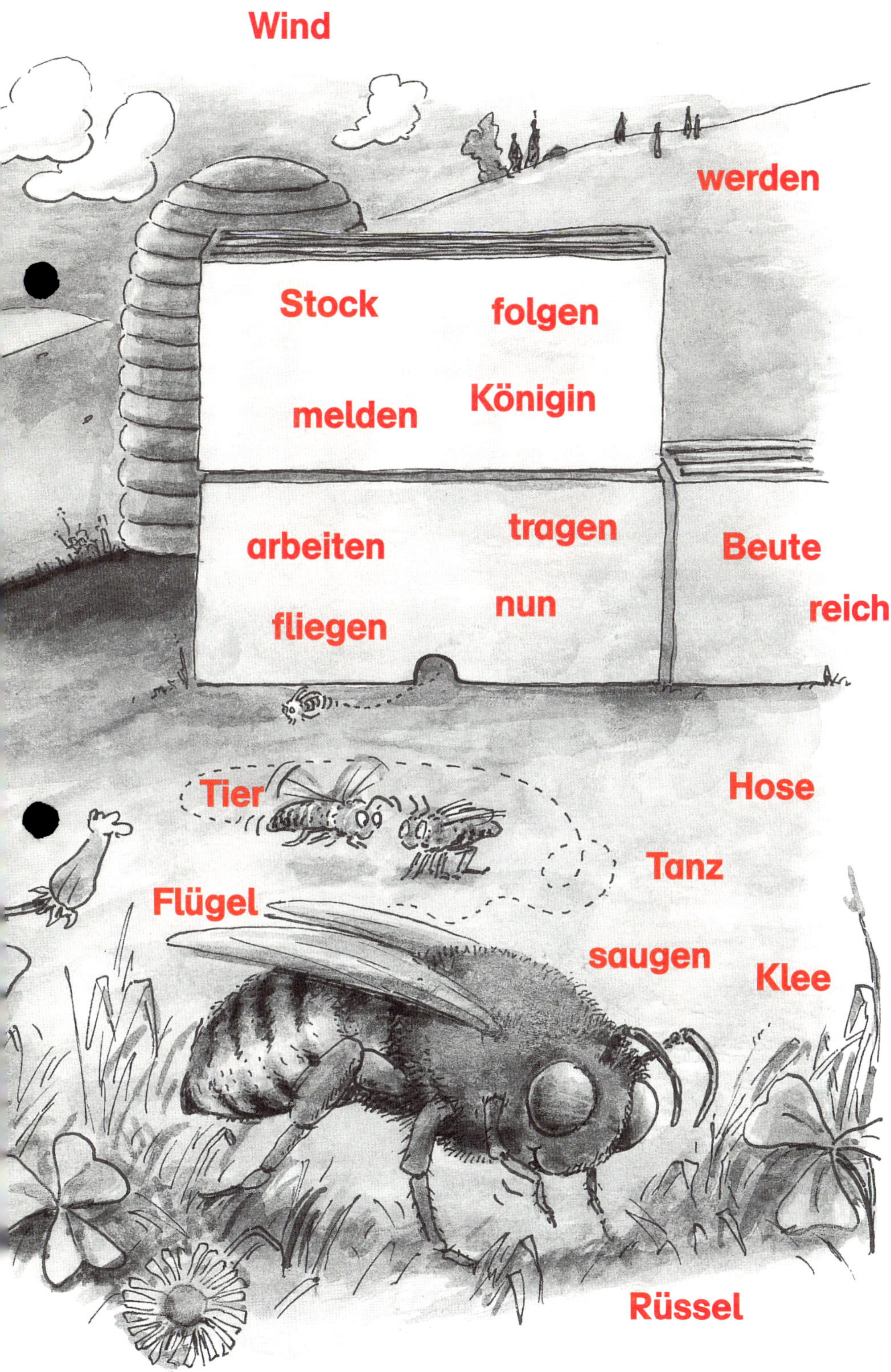
Wind
werden
Stock
folgen
Königin
melden
tragen
arbeiten
Beute
nun
reich
fliegen
Hose
Tier
Tanz
Flügel
saugen
Klee
Rüssel

2 Wortübungen

1. Erkennst du die Lernwörter? Schreibe sie mit dem bestimmten Begleiter (*der*, *die* oder *das*) auf die Zeilen.

a)

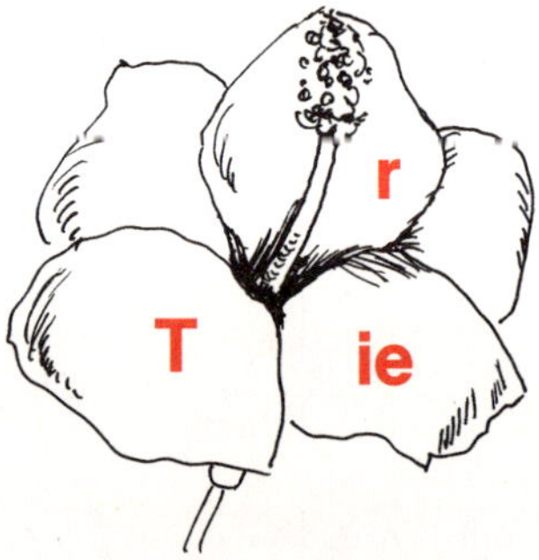

b)

c)

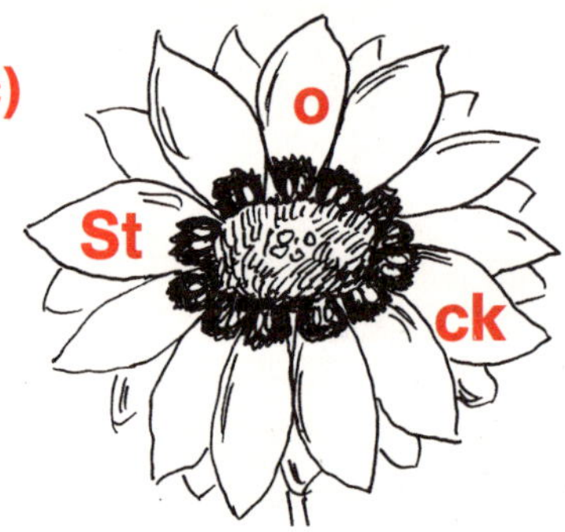

d)

e)

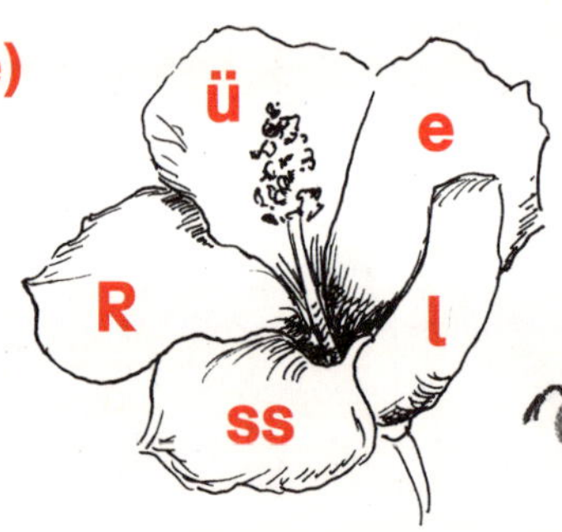

f)

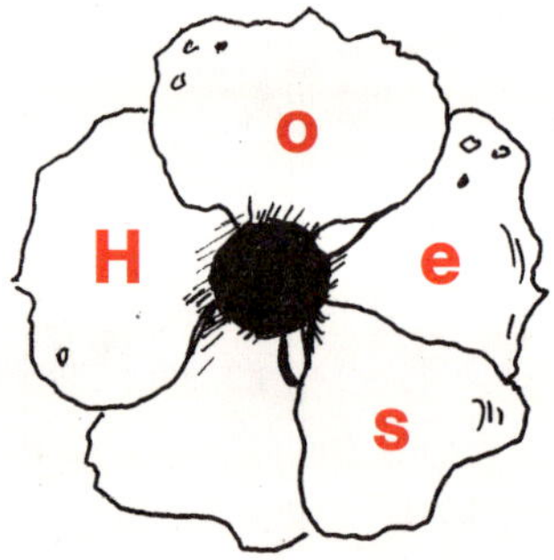

2. Wie heißen die Tunwörter zu diesen Namenwörtern? Schreibe sie auf die Zeilen.

a) die Meldung *melden*_______________

b) der Anfang ____________________

c) der Flug ____________________

d) die Arbeit ____________________

e) die Lieferung ____________________

f) der Träger ____________________

3. Finde zuerst das richtige Lernwort und ergänze die fehlenden Buchstaben. Schreibe dann das passende Reimwort auf die Zeile.

a) *W*ind

Kind

b) __eld

G__________

c) ______ock

R__________

d) ______art

h__________

e) ______ee

S__________

f) ______aub

L__________

4. In diesem Blumenfeld sind viele Wörter, von denen immer drei zusammengehören. Schreibe die drei Wörter auf eine Zeile.

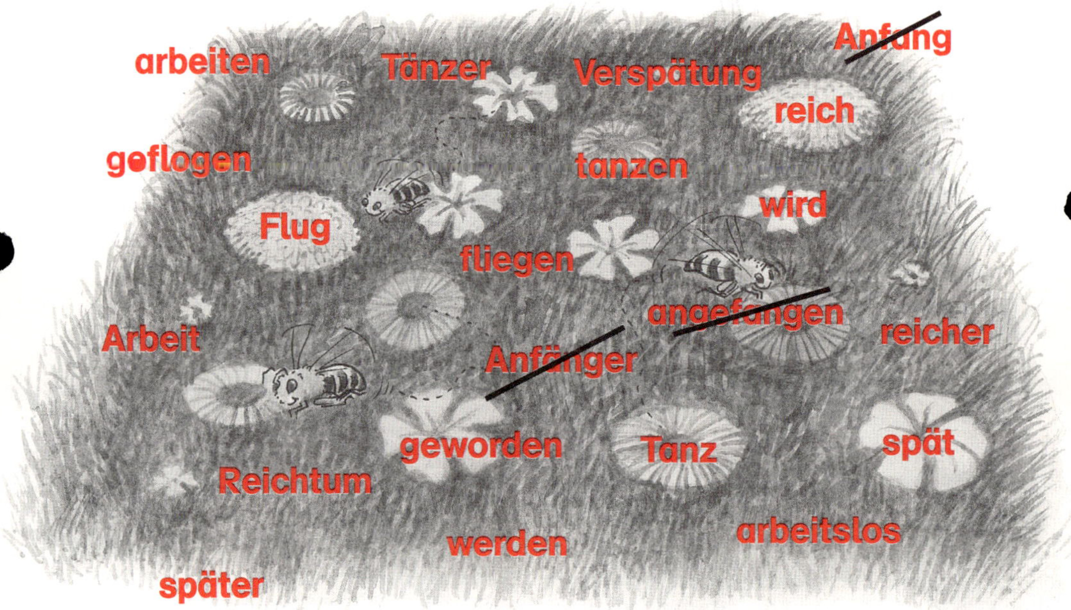

Anfang, Anfänger, angefangen

5. Die Silben sind durcheinander gepurzelt. Setze sie richtig zusammen und schreibe die Wörter auf die Zeilen.

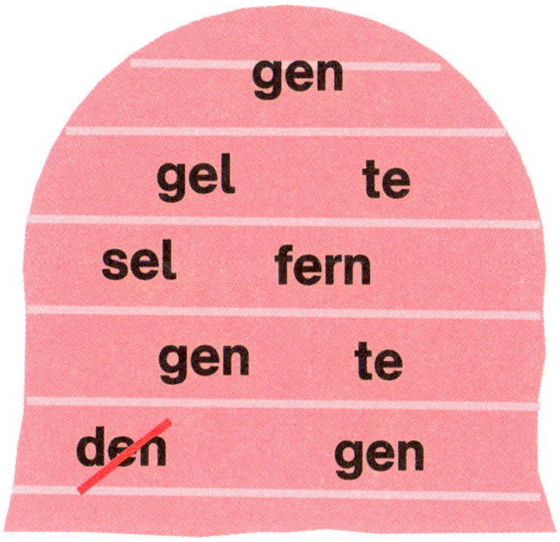

werden, ____

____

____

6. Drei Lernwörter auf Seite 64 und 65 haben drei Silben. Finde sie und schreibe sie in die passenden Kästchen.

a) 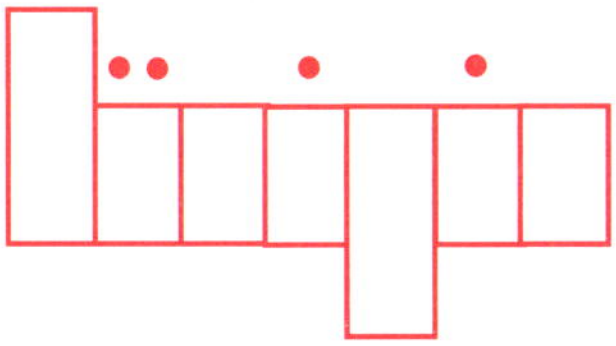

b) 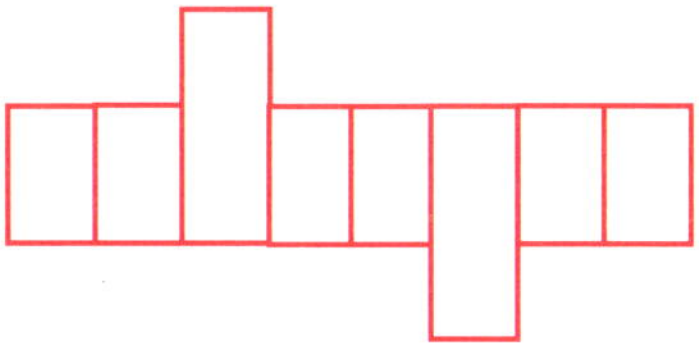

c) 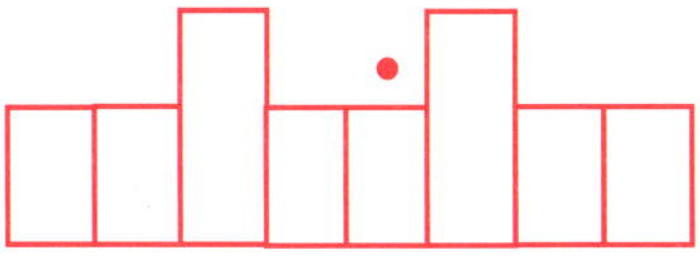

7. Hier sind die Wortteile durcheinander geraten. Setze sie richtig zusammen. Schreibe die Lösungen mit dem bestimmten Begleiter auf die Zeilen.

Bienen staub | Spazier flügel | Ferien feld

Korn rüssel | Rosen ~~tanz~~ | Wüsten klee

Glücks königin | Engels blüte | Elefanten stock

~~Volks~~ ort | Blüten tier

der Volkstanz, ______________________

____

____

____

____

____

3 Diktate

Lass dir Text 1 nun vorlesen. Anschließend prüft ihr gemeinsam, ob du alles richtig geschrieben hast. Text 2 ist dann morgen dran. Die wichtigen Lernwörter sind in beiden Texten farbig gedruckt.

Text 1

Arbeit für Biene Sumsa

Die Biene Sumsa | sitzt vor dem **Bienenstock**. | Von einer anderen Biene | ist ihr **reiche Beute** | ganz in der Nähe | **gemeldet worden**. | Sie reinigt gerade | ihre Beine | und ihre **Flügel**. | **Nun** ist sie klar zum **Start**. | Ein neuer **Arbeitstag** | **fängt an**. | Den **Ort**, | zu dem sie **fliegen** muss, | kennt sie ganz genau. | Der **Tanz** der anderen Biene | hat ihn ihr verraten.

Text 2

Haben Bienen **Hosen** an?

Schnell **fliegt** die Biene Sumsa **los**. | Sie **folgt** ihrer Nase | zum richtigen **Ort**. | Es ist ein großes **Feld** | **reich** an **Kleeblüten**. | Der **Wind** hilft mit, | sie von **Blüte** zu **Blüte** | zu **tragen**. | Die **saugt** das **Tierchen** | mit seinem **Rüssel** aus. | **Später liefert** es die **Beute** | bei der **Königin** | im **Bienenstock** ab. | Hat Sumsa eine gelbe **Hose** an? | Nein, | das ist nur der **Blütenstaub** | an ihren Beinen.

Lösungen

A Das fremde Mädchen

1. 8

a) die Hand b) das Gesicht
c) der Mund d) das Haar *oder* die Haare
e) sitzen f) spielen

2. 9

In dieser Übung sollst du die Wörter zuerst laut vorlesen und dann auf die Zeilen schreiben. Achte darauf, ob du alle Wörter richtig geschrieben hast.

3.

a) bei b) hin c) ihr
d) mir e) Rat f) Tag
g) vor

4. 10

a) wollen b) nicht
c) jeder d) sehr
e) still f) fremd

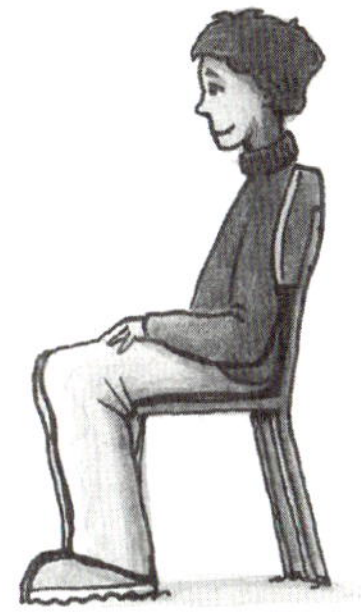

5.

a) alle b) böse
c) Leid *oder* Land d) Land
e) weil f) kein *oder* weil

6. 11

das Land, der Freund, der Mund, der Rat, das Haar, das Wort, die Wunde

7.

a) ein Feind – zwei Feinde
b) ein Haar – zwei Haare
c) ein Land – zwei Länder
d) eine Klasse – zwei Klassen
e) ein Tag – zwei Tage
f) eine Hand – zwei Hände
g) ein Wort – zwei Wörter

8. 12

a) Leila blutet.
b) Das Mädchen will malen.
c) Das Kind spielt mit dem Ball.
d) Die Oma gibt mir ein Geschenk.
e) Mein Freund hilft mir.
f) Die Glocke schlägt fünf Uhr.
g) Ein Hund muss bellen.

zur Seite

B Das mag der Igel

16 **1.**

a) die Schnecke b) der Igel
c) der Wurm d) der Zweig

2. *Seite 16*

a) Oktober b) fallen
c) lieben d) gesund
e) Wohnung

17 **3.**

eilen, Regen, Menge, mögen, rascheln, schlafen, Winter, suchen, sollen

4.

Januar, Februar, März, April, Mai, Juni, Juli, August, September, Oktober, November, Dezember

18 **5.**

Wasser	bekommen	Schnecke
März	fallen	mögen
trocken	schön	sollen

6.

Diese Wörter gehören zusammen:
warm – Wärme, Wohnung – wohnen, trocken – trocknen, lieben – Liebe, mag – mögen

19 **7.**

a) Hanna wacht auf.
b) Lisa bekommt ein Geschenk.
c) Mein Hund liebt den Knochen.
d) Der Regen fällt.
e) Das Baby schläft.
f) Klaus soll Brot und Butter kaufen.
g) Opa sucht seine Brille.
h) Tina trinkt heißen Tee.

20 **8.**

a) Regen, legen, fegen
b) Haufen, kaufen, laufen
c) wollen, rollen, sollen
d) Sturm, Turm, Wurm
e) dort, Sport, fort
f) sieben, lieben, schieben
g) Fisch, Tisch, frisch

zur Seite

C Mit dem Bus zur Schule

1. 24

stellen, viel, wissen, ziehen, Glück, Land, Bus, Fuß

2. 25

Die Namenwörter sind:
der Bus, der Fuß, der Morgen, das Glück, das Land, die Straße
Die anderen Wörter sind:
aber, zur, ihm, an, ihn, nur, weit, nach

3. 26

a)	dürfen	du darfst	er darf
b)	gehen	du gehst	er geht
c)	treffen	du triffst	er trifft
d)	wissen	du weißt	er weiß
e)	treten	du trittst	er tritt
f)	fahren	du fährst	er fährt

4.

Als Fußgänger darfst du nur am Zebrastreifen über die Straße gehen!

5. 27

der Schulbus, der Fußweg, die Landstraße, der Lastwagen, der Straßenrand, die Haltestelle

6.

Die Lernwörter sind:
aber, zur, nur, weit, breit, schnell

7. 28

a) darum – warum
b) Morgen – Sorgen
c) nur – zur
d) viel – Ziel
e) schauen – bauen
f) schnell – hell

8.

a)	Vater	b)	Vogel
c)	voll	d)	vom
e)	viel	f)	vier

zur Seite

D Der Nikolaus kommt

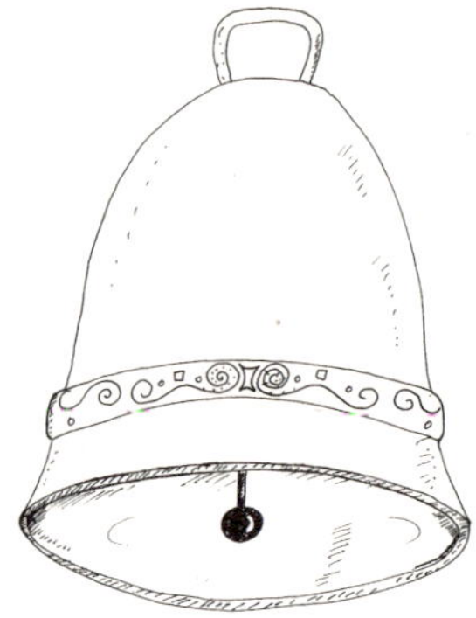

32 **1.**

a)	Abend	b)	Himmel
c)	Pferd	d)	Jahr
e)	Familie	f)	Schlitten

33 **2.**

a)	denken	du denkst	er denkt
b)	kennen	du kennst	er kennt
c)	leben	du lebst	er lebt
d)	lesen	du liest	er liest
e)	lieben	du liebst	er liebt
f)	reisen	du reist	er reist

3.

Die richtigen Wörter sind:

a)	Zeit	b)	Erde
c)	Gedicht	d)	Familie
e)	Schnee	f)	Zimmer

34 **4.**

vor, alle, vom, besonders, doch, ob, ganz, ihnen, gut, Flöte

35 **5.**

a)	der Abend	b)	die Zeit
c)	das Pferd	d)	das Gedicht
e)	das Jahr	f)	das Eis

6.

So musst du die Wörter trennen:
A-bend, be-son-ders, Ge-schich-te, Him-mel, lie-ben, Schlit-ten
Dieses Wort darfst du nicht trennen:
Schnee

36 **7.**

Diese Wörter gehören zu einer Familie:
denken – Gedanke – gedacht
Dichter – Gedicht – dichten
erkannt – kennen – erkennen
Lesebuch – lesen – vorlesen
lieb – Liebling – liebt
Leben – lebendig – lebt

zur Seite

E Richtig essen – gesund bleiben

1. 40

a) das Brot   b) der Tisch
c) das Messer   d) die Gabel
e) die Gurke   f) die Karotte

2. 41

a) fragen   b) Pause
c) gesund   d) Honig
e) Fuß   f) Müsli

3.

Diese 15 Lernwörter haben nur eine Silbe:
blass, Brot, fern, frisch, Fuß, gleich, halb, krank, leicht, Luft, nie, oft, Tisch, tun, Weg

4. 42

a)	Butter	But-ter
b)	Werbung	Wer-bung
c)	knabbern	knab-bern
d)	essen	es-sen
e)	Riese	Rie-se
f)	passen	pas-sen
g)	Karotte	Ka-rot-te
h)	Messer	Mes-ser

5. 43

Diese Wörter gehören zu einer Familie:
Verkäuferin – kaufen
essen – isst
Hunger – hungern
Antwort – antworten
Frage – fragen
Teil – teilen
sehen – sieht

6. 44

a) immer – nie   b) oft – selten
c) falsch – richtig   d) Zwerg – Riese
e) krank – gesund

zur Seite

45 **7.**

a)	Hunger	g)	Messer
b)	Werbung	h)	essen
c)	knabbern	i)	sehen
d)	Müsli	j)	schreiben
e)	Mittag	k)	richtig
f)	Butter	l)	Honig

46 **8.**

a)	Karotte	e)	Messer
b)	knabbern	f)	essen
c)	Mittag	g)	blass
d)	Butter	h)	passen

F Der Duft aus der Flasche

50 **1.**

a)	der Besen	b)	die Kerze
c)	die Flasche	d)	die Puppe

2.

a) brennen – trennen
b) nett – fett
c) Staub – Laub
d) hell – schnell

51 **3.**

Die Tunwörter sind:
spielen, brennen, reinigen, duften, reiben, erklären, nehmen, erlauben

4.

a) schmutzig – sauber
b) schwer – leicht
c) dunkel – hell
d) ungemütlich – gemütlich

52 **5.**

die Frau	–	die Frauen
die Flasche	–	die Flaschen
die Kerze	–	die Kerzen
die Küche	–	die Küchen
der Boden	–	die Böden
der Besen	–	die Besen
die Puppe	–	die Puppen

zur Seite